Heinrich Preschers

Über Kaisermacht, Friedenskongreß und Reichsdeputation

Heinrich Preschers

Über Kaisermacht, Friedenskongreß und Reichsdeputation

ISBN/EAN: 9783743623347

Hergestellt in Europa, USA, Kanada, Australien, Japan

Cover: Foto ©ninafisch / pixelio.de

Weitere Bücher finden Sie auf **www.hansebooks.com**

Ueber Kaisermacht, Friedenskongreß, und Reichsdeputation,

bei

dem allgemeinen

Reichsfriedensschlusse

mit

der Neufrankenrepublik.

———

Vorläufige Anmerkung.

Nur ein flüchtiger Blick auf das kaiserliche Hofdekret vom 18ten Junius, worinn die bereits getroffene Einleitung des allgemeinen Reichsfriedens oder die abgeschlossenen Präliminarien der Hochlöbl. Reichsversammlung zu Regensburg in den wärmsten Ergüßen gründlicher und ungeheuchelter Vaterlandsliebe, selbst in den edelsten Empfindungen für eine dauerhafte Heilart der so tief verwundeten Menschheit

heit eröfnet werden, weckt den teutschen Gemeingeist zu mancher Betrachtung.

Vor allen möchte man es fast bedauern, daß ein besonderer Kongreß zur Auseinandersetzung der Reichsfriedenssache gewählt wird; und daß nicht vielmehr die kaiserliche Majestät ihrer Machtvollkommenheit gemäß das große Staatswerk, vielleicht von allen seit Jahrhunderten das Bedeutendste für Teutschland, übernommen, und dem zärtlichen Vertrauen entsprochen hat, womit von den dankbaren Reichsständen der Wunsch und Antrag in einem feierlichen Schreiben gemacht wurde, durch die einzige Vermittelung des höchsten Oberhaupts den Reichsfrieden im Namen des ganzen Reichs zu vollenden. Wenigstens wälzt sich in der Seele des Beobachters das nicht gleichgültige Problem: Ob die unmittelbare Vollgewalt und Wirksamkeit der kaiserlichen Majestät nicht mehr Gewinn für das Staatsinteresse des teutschen Reichs gewesen wäre?

Vorläufige Anmerkung.

So ſehr auch die Verworrenheit der reichsſtändiſchen Verhältniſſe mit Frankreich, welche der langwierige Krieg, und die vielfältigen Auftritte während demſelben aufgehäuft haben, die beſondere Theilnahmen, und den eigenen Beitritt aller einzelnen Stände zur Ausgleichung der außerordentlich getrennten Staatsintereſſen, folglich einen allgemeinen Kongreß anzurathen ſcheint: — ſo mächtige Gründe dürften doch auch dagegen ſtreiten, und der kaiſerlichen Alleingewalt den Vorzug einräumen. Ungefähr könnten ſie folgende ſeyn:

Erſtens: die alles reinſten Vertrauens würdige, durch ſo unzählige Thathandlungen verbürgte Treue und Redlichkeit des Kaiſers, der unbegrenzte Fevereifer für die allgemeine Wohlfahrt, die partheiloſe Unterſtützung des Einzelnen und des Ganzen, beſtättigen allerdings die rechtliche Vermuthung der Reichsfürſten ſelbſt, daß die Hofnungen des teutſchen Vaterlandes durch den unbeſchränkten Wirkungskreis des höchſten Oberhaupts niemals vereitelt würden. Auch der geringſte Verdacht einer zwey-

*3 deuti-

deutigen Politik wird hier durch die Erfahrung widerlegt. Und zwar um so mehr als

Zweitens: die offenbare Geneigtheit der neurepublikanischen Regierung, mit dem Kaiser allein zu traktiren, den Werth, den Kredit, und das Vollgewicht des Friedensvermittlers unendlich erhöhte. Solch ein günstiger Ausspruch des Feindes ist der stärkste Beweis des Verdienstes. Dann das so merkbare, als wahrscheinliche Näherrücken der neuen Republik an den teutschen Kaiserhof, die daraus entspringende Wendung der politischen Dinge, das feindliche immer anwachsende Zutrauen in Oestreichs auf stäte Grundsätze gebaute Moralität der Politik, die sehr mögliche Verknüpfung der Staatsinteressen zwischen dem Wienerkabinet und der Frankenrepublik, welche die unversiegende Quelle von Macht und Nazionalkraft seines Feindes, und Freundes kennen, und den Schaden oder Nutzen davon abzuwiegen gelernt hat; endlich die eben durch diese Umstände vermehrte Nachgiebigkeit von Seite der republikanischen Regierung, welche als ein Opfer der Ehrfurcht gegen

gen das teutsche Oberhaupt anzusehen wäre; dies alles, verbunden mit der aus natürlichen Ursachen andringenden Zeitreife, welche gesegnete Aussichten hätte es uns auf ein möglichst bestes Friedenswerk geöfnet?

Drittens: und hauptsächlich die auf Erfahrung gegründete Furcht, eine zeremoniöse Aufzögerung möchte vielleicht nach dem so oft lethargischen Gange der Staatsgeschäfte den Fortschritten der Friedensverhandlungen gefährlich werden: oder es möchten wohl gar, indem man den zerrütteten Knäul alter Irrungen auflösen wollte, sich neue Mißhelligkeiten aus dem Stossen und Reiben der mannichfaltigen Opinionen, und aus der geflissentlichen oder zufälligen Verrückung der Gesichtspunkte, aus denen man eine Sache betrachtet, sich neue Fänkereien entspinnen; diese Umstände zusammen genommen, dürften einen besonderen Kongreß bedenklich machen.

Indessen wird doch ein besonderer Kongreß den künftigen Reichsfrieden auf ausdrückliches

Verlangen des Kaiſers in Vereinigung ſämtlicher Glieder mit ihrem Oberhaupte die grundgeſezliche Sankzion geben. Die kaiſerliche Erklärung am Reichstage auf den reichsſtändiſchen Antrag der Alleingewalt macht gar kein Geheimniß aus den Bewegurſachen, ſolchen abzulehnen. Und man kann hierinn die politiſche Klugheit ſowohl als die karakteriſtiſche Offenheit der kaiſerlichen Majeſtät, alle Zweifelſucht, oder unverdiente Anſinnung auf den möglichen Fall eines Mißlingens für dieſen oder jenen Theil von einem das Ganze des Reichs umfaſſenden Geſchäfte zu entfernen, und der Zeit — und Nachwelt nicht den geringſten Anlaß zu Vorwürfen darzubieten, wiederum keinesweges verkennen. Denn auch bei allem gewiſſen Beſtand der verſprochenen Integrität des teutſchen Reichs dürfte ſich doch noch mancher Reichsfürſt in ſeinen Anſprüchen gekränkt finden, wenn der ſiegende Feind etwa auf dem Beſiz eines und des andern Diſtrikts der jenſeits des Rheins eroberten Länder beharren und eine Scheidewand zwiſchen den franzöſiſch-Republikaniſchen und teutſchen Grenzen feſtſezen wollte. — Dies würde
zwar

Vorläufige Anmerkung.

zwar eine kleine Lücke aber keine wesentliche Verlezung der Integrität zur Folge haben, nach der allgemeinen Regel, daß keine Ausgleichung, folglich auch kein Friedensvertrag ohne beiderseitige Rücklassung dieser oder jener Sache, dieses oder jenen Rechts vor sich gehen könne. Die unangenehme Aufbürdung solch einer politischen Friedenslücke will sich der Kaiser durch einen besondern Fürstenkongreß vom Halse schaffen.

Dem kaiserlichen Hofdekret gemäß ist die Bestimmung des Kongreßorts in Unterhandlung, wovon das Reich die Anzeige bald erwarten darf. Zu wünschen wäre es und von der kaiserlichen Fürsorge zu hoffen, daß die Auswahl auf eine teutsche nicht zu ferne und volkreiche Stadt fallen möge. Aller Muthmassung dürfte zwar Frankfurt oder Augsburg das Loos treffen, der unsterbliche Geburtsort des merkwürdigsten aller Friedensschlüsse zu werden — zwei Städte, welche in jeder Rücksicht viele Empfehlung für sich haben — Regensburg aber, dieses Central-Palladium der teutschen Konstitution und Politik schiene der anpassendste, zweckdienlichste

lichſte, und rechtlichſte Kongreßort zu ſeyn, um die Förderung des Geſchäftsganges im publiziſtiſchen und ökonomiſchen Anbetracht zu bewirken.

Die Würde des Gegenſtandes an ſich ſchon, und das konſtituzionelle Recht des Reichstages ſprechen für den billigen Vorzug dieſer berühmten alten Reichsſtadt.

Der Reichskrieg und alſo auch der Reichsfriede iſt eine Gemeinſache aller Fürſten, wovon das Unheil oder Wohl des ganzen Staatskörpers abhängt: denn ein ſolcher Gegenſtand kgend anderswo würdiger behandelt werden als an dem Orte, wo die hohen Repräſentanten der fürſtlichen Reichsvorſteher die öffentlichen Angelegenheiten der Individuen, und des geſamten Staats zugleich beſorgen? Die Natur der teutſchen Verfaſſung, und das daraus fließende Staatsrecht machen den Reichskrieg, und den Reichsfrieden zu Gegenſtänden des Reichstages. Hier werden öffentliche Rathſchläge über die erſten Reichsſachen gehalten

ten und Comizialstimmen gesammelt; hier werden alle grossen Fürstenhändel geführt und entschieden; hier ist das eigenthümliche Tribunal des ganzen Reichsstaats, an dem alle Glieder mit ihrem Oberhaupte in das Wohl des Ganzen einzuwirken berufen sind; hier werden Reichsgutachten, Dekrete und Schlüße abgefaßt. Vorzüglich aber ist hier in Mitte der hohen Versammlung dieser Reichskrieg gegen die Neufranken dekretirt worden; hier wird auch nach dem innern Zusammenhang der Grundverhältniße der Reichsfriede seine konstitutionelle Existenz erhalten. Da nun ein Reichsfriedensschluß als eine öffentliche Staatsakte an den Reichstag gehört, selbst nach der Vorschrift des Grundgesezes des Westphälischen Friedens, und da folglich im ordentlichen Geschäftsgange über die Resultate des besonderen Kongresses immerhin Reichsgutachten erholt, und ausgefertiget werden müssen; so sollte hier die eigens bestimmte Reichsdeputazion ihren Siz aufschlagen: so sollte hier der allgemeine Kongreß mit dem Gegentheil die beßte Wirkung thun: so könnte man im Angesicht des Reichstages auf eine viel

beque-

bequemere Art durch nähere und mündliche Konferenzen, durch Verringerung der nöthigen Versendungen und Briefwechsel, kurz durch Zeitgewinn und Kostenersparniß dem sonst weitschweifigeren und schwerfälligeren Geschäfte mehrere Schnellkraft mittheilen. Ueberdies ist Regensburg für teutsche und selbst für die Fränkischen Deputirte nicht zu weit entfernt, nicht zu sehr bevölkert, und von zu großem Umfange: hier könnte das ernsteste und wichtigste Friedenswerk in männlicher, geräusch- und prunkloser Stille, welche der weisen Schlichtung großer Dinge so förderlich ist, am wohlfeilsten und einfachsten vor allen andern Städten verhandelt werden. In Regensburg wäre also der zweckmäßigste, unkostspieligste, solideste Weg geschwind und erwünschlich zum Ziele zu gelangen, ein Weg, gegen den sich bei vernünftiger Darstellung der Privat- und Staatsvortheile die französische Regierung nicht stemmen würde; salvis melioribus das versteht sich.

Möchten die Fürsten doch endlich dieses allbeglückende Reichsfriedenswerk bald zu Stande

Vorläufige Anmerkung.

de bringen! Möchte man nach dem einstimmigen Völkerrufe in Betreibung der guten Sache nicht länger zögern! Möchte man nicht eiteln Zeremonien die lautschreiende Gerechtigkeit aufopfern! Möchten die fürstlichen Vorsteher der teutschen Staaten mit Biedersinn, Nazionalliebe und Gemeingeist, das vorleuchtende Beispiel ihres höchsten Oberhaupts vor Augen, zur gemeinschaftlichen Vollendung des Reichsfriedens einwirken! Möchten grundgesezlicher Einklang in Gesinnungen und Thaten, der beschleunigte Beitritt zum allgemeinen Frieden, und die Thatkraft aller Fürsten — verannehmlichet durch Sanftmuth und redliche Annäherung der Gemüther, den dermaligen Edelmuth der Verweser der neufränkischen Republik zu billigeren Einverständnissen aufreizen, und so das schöne Gebäude des neuesten Reichsfriedens herstellen, wozu die väterliche Sorgfalt der kaiserlichen Majestät bereits den herrlichsten Grundstein gelegt hat! — Eifersucht, Eigendünkel, Privatinteresse müssen einen Staat, und ein Reich untergraben — Freundschaftsverein, gemeinschaftliche Theilnahme und Arbeit an dem Einzelnen

und

und Ganzen zusammen: werden den Flor des welkenden Staatskörpers auch auf den Trümmern des vergangenen Elendes und zwar durch die heilsame Ergänzung der hier und dort vorfindlichen Lücken, vielleicht mit neuern Blüthen aus einem oder dem andern wegzuschneidenden Brandmale wieder emporrichten!

Nun zu unserm Hauptstoffe.

Dem so sehnlichst gewünschten Frieden zwischen Oestreich und Frankreich, ist auch, wie uns das erschienene kaiserliche Hofdekret überzeugt, der Reichsfriede mit dem Feinde einverleibt worden, und zur schwer errungenen Einleitung gediehen, welche denn bald mit der allgemeinen Friedensvollendung gekrönt werden soll. Der Großmuth des höchsten Oberhaupts hat man es zu verdanken, daß die dermalige äußerst dringende Angelegenheit des Reichs sogar zur Basis, und zur unumstößlichen Bedingniß genommen wurde. Der Inhalt, der Erfolg, und die guten Wirkungen dieses Friedens, welche nach der Aeusserung des Kaiserhofes sich auf die möglichste Art ersprießlich für das Beßte des Reichs hoffen lassen, da bereits voraus die Integrität des teutschen Reichs und die Aufrechterhaltung des politischen Systems zum Grunde liegen, ist der Zeit und der Entwickelung der heutigen Staatssachen vorbehalten: nur die Betrachtung, wie bei diesem Friedensgeschäfte die kaiserlichen Majestätsrechte, und die Gewalt des höchsten Reichsoberhaupts sich realisiren, wie eben diese zu den reichsständischen Theilnahmen und Mitwirkungen an demselben sich verhalten; dann was es mit einer Reichsdeputation, da ein allgemeiner Kongreß veranstaltet werden dürfte, für eine Beschaffenheit habe, ist der Gegenstand dieser kleinen Schrift.

Die Reichsfürsten haben, bekanntlich, aus verschiedenen Ursachen an dem von ihnen erklärten Reichskriege allmählig weniger, und zulezt einige ausgenommen, fast gar nicht mehr wirksam sich zu bezeigen für gut befunden, und das teutsche Vaterland ward mit den mißlichsten Ereignissen heimgesucht. In dieser traurigen Lage hatte es der gute Kaiser allein mit dem mächtigen Feinde aufzunehmen, und war so kraftvoll und glücklich den übermüthigen Sieger zu besiegen; indem er plözlich auch allein den Frieden bewerkstelligte, und um das Uebermaaß seiner väterlichen Sorgfalt für das Wohl des Reichs, dessen eifriger und aufrichtiger Vorsteher er ist, voll zu machen, zugleich die wesentliche Einleitung des Reichsfriedens traf.

Bei diesem Friedensgeschäfte, wie bei dem unseligen Reichskriege, hat der Kaiser sich als wahres Oberhaupt, als Vater des teutschen Reichsstaats bewiesen; er hat aber auch eben darin seine Machtvollkommenheit, und die auf die Majestät gegründeten Gerechtsamen ausgeübt.

übt. Die vaterländischen Grundgeseze, das Reichsherkommen, und die pragmatische Geschichte stimmen damit überein.

Der Krieg mit der neufränkischen Republik ist nicht nur ein Privatkrieg Oestreichs, er ist auch ein allgemeiner Krieg des teutschen Reichs gewesen. In Hinsicht auf diese leztere Eigenschaft wollte und konnte der Kaiser in dem Frieden seines Erzhauses auch den allgemeinen Reichsfrieden miteinschliessen, wozu ihn das Majestätsrecht, und die oberhauptliche Vollgewalt auffoderten. Den Beweis dieser kaiserlichen Prärogativen finden wir in dem System des teutschen Staatskörpers, und selbst in dem Gange der öffentlichen Verhandlungen und Reichsschlüsse. Wir dürfen blos aus den allgemeinen Grundbegriffen von den Verhältnissen eines Staatskörpers, die besondere Anwendung auf unsern Fall hervorsuchen. Das Recht einen Frieden abzuschließen besizt derjenige, welcher das Waffenrecht hat, oder das Recht Krieg zu führen und zu beschliessen; und da nun dieses dem allein zusteht, welcher die höchste Befehlshaberstelle in jeder Republik bekleidet; so ist es außer allem Zweifel, daß auch diesem die Macht den Krieg zu endigen, das heißt, den Frieden zu verhandeln zukommen müsse.

Jedem Oberhaupt einer republikanischen Verfassung gebührt das Recht, und die große
Er-

Erkenntniß, ob, und wann der Friede herzustellen sey, und wie die Bezweckung desselben zum Vortheil oder Schaden des Gemeinwesens gereichen könne. Denn ein Friedensschluß trägt die Natur einer Uebereinkunft, oder eines Vertrags an sich, nicht im bürgerlichen, aber im publicistischen Sinne, dem zufolge die streitenden Theile unter gewissen Bedingungen sich verbinden, von dem Kriege, und dessen Operationen abzustehen: und so kann die Uebereinkunft wie unter Privatpersonen, so auch im Namen des Staats, oder der Republik nur dann ihre Kraft gewinnen, wann irgend Etwas abgegeben, oder zurückbehalten, und in wechselseitigen Versprechungen ordentlich stipulirt wird. Aus eben diesem Grunde wenden die Verfertiger des Friedensinstruments die größte Sorgfalt, und Vorsicht an, binden sich somit an alle Worte mit der strengsten Genauigkeit, damit nicht etwa gegen die Willensmeinung der Interessenten eine schiefe Auslegung erkünstelt, und nicht mehr aufgezeichnet, als abgeschlossen werde. Die Friedensbedingungen müssen daher das ganze unverwerflichste Gepräge der Offenheit, Geradheit, Klarheit und Bestimmtheit haben.

Der Inbegrif aber alles dessen kommt von dem Staatsvorsteher, dem die höchste Gewalt über öffentliche und allgemeine Angelegenheiten anvertraut ist, zu erholen; von ihm sind des Gegentheils Foderungen zu berichtigen, um so

alle

alle Streitigkeiten von dieser wie von jener Seite beizulegen; sofort die vollkommene Eintracht, und Beilegung der Irrungen, folglich den Frieden selbst zu bewirken. Aus diesem ist es einleuchtend, daß alle Personen, sie mögen eine Würde in der Republik behaupten, welche sie wollen, alle Großen ohne Ausnahme, und selbst die ersten Heerführer, denen sonst die unumschränkte Generalität über alle Armeen eingeräumt wurde, von dem Rechte einen wirklichen Frieden zu unterhandeln ausgeschlossen sind. Denn schon in bürgerlichen Gesezen kann ein Sachwalter, den ein Privat zur Ausgleichung eines Streithandels aufgestellt hat, dadurch sich noch nicht die Gewalt zueignen, eine förmliche Uebereinkunft zu treffen, ausgenommen er wäre hiezu mit einem Spezialmandat versehen worden: um so weniger tritt bei einem obersten Machthaber in einem Staate die Vermuthung ein, daß er Jemanden, er sey wer er wolle, dem auch übrigens die freieste Aufsicht und Verwaltung aller Kriegssachen übertragen ist, zugleich zu willkürlichen Friedensnegozen bestimmt habe. Der Unterschied fällt in die Augen; denn der Friede, oder die öffentliche Uebereinkunft, welche zwischen Königen und Fürsten, die Ruhe und Wohlfahrt der Reiche und Staaten herzustellen obwaltet, ist ein ohne Vergleich wichtigeres Geschäft, als die Privatübereinkunft, worinn nur die Vereinigung einzelner im Streite befangener Personen bezweckt wird.

A 4   Es

Es gab zwar Fälle, wo von den oberstbefehlhaberischen Heerführern ein Krieg durch den Frieden geendiget wurde: sie mußten aber in Kraft einer eigens ausgefertigten Vollgewalt von dem ermächtiget seyn, der die oberste Herrschaft über den ganzen Staat führt, und dessen Beruf es nur ausschließlich seyn kann, über das Ganze betreffende Staatssachen zu schalten. So hatten z. B. der berühmte Prinz Eugen von Seite des Kaisers, und der Marschall von Villars von Seite Frankreichs den Rastattischen Friedensschluß zu Stande gebracht; allein sie waren beide zur Vollführung jenes Staatswerkes durch ein Spezialmandat und eine förmliche Vollmacht von des Kaisers Majestät gerechtfertiget.

In dem neuesten Beispiele des jezigen Friedenswerks sehen wir jene Staatsregel in der Praxis bekräftiget. Selbst der Erzherzog Karl, der Generalissimus des Kaisers seines Bruders, und des Reichs über alle Armeen, der unbeschränktesten Gewalt in Leitung des Kriegswesens ungeachtet, konnte keinen Frieden mit dem Reichsfeinde schliessen, so viel er auch durch seine persönliche Thätigkeit und edle Gesinnung für die bedrängte Menschheit wirklich beigetragen haben möchte. Dies war allein das Werk der Obermacht des Herrschers von Ungarn, Böhmen und Oestreich, und zugleich der Majestät des höchsten Reichsoberhaupts. Der Kaiser schloß nicht nur

nur den Frieden für seine Erbstaaten, er traf auch die Einleitung des Friedens für das gesammte Reich, welchen er endlich in Verbindung mit allen Gliedern als Oberhaupt abschließen wird. Alle Friedensverhandlung mußte durch die Hand des Oberstbefehlhabers im Staate und der kaiserl. Majestät gehen; nur mit Vorwissen und Begnehmigung derselben konnten die eigens Bevollmächtigten dabei aktiv werden, und die Friedenspräliminarien selbst mußten erst durch die Unterzeichnung der höchsten Majestät ihre geseßliche Kraft erhalten. Und so kann diese neueste Staatsakte weniger als jemals der mindesten Ausflucht, oder Einwendung unterliegen; sie wird vielmehr den höchsten Grad von Richtigkeit und Präzision in sich fassen.

Wenn es nun aus der Natur der Politik aller bürgerlichen Gesellschaften entschieden ist, daß das Friedensrecht in einem Staate als ein wesentlicher Bestandtheil der obersten Herrschermacht zu betrachten kommt; so fließt hieraus die unläugbare Folgerung, daß das Friedensrecht in dem teutschen Reichsstaate auch dem Oberhaupte desselben dem Kaiser zustehen müsse. Das teutsche Reich stellt eine republikanische mit Monarchie vermischte Staatsmaschine vor deren sämmtliche Glieder in wesentlicher Verkettung mit ihrer ersten Triebfeder zu gemeinschaftlichen Staatszwecken hinarbeiten. Alle Reichsstände

Stände. zusammen genommen führen in konstituzioneller Verbindung mit ihrem Oberhaupte dem Kaiser das ganze Reichsstaatsruder, wobei aber doch immer die Obermacht auf der kaiserlichen Majestät beruht, ohne deren Vorwissen, und Bekräftigung kein Reichsschluß abgefaßt, und keine Staatsakte mit diplomatischer Wirkung vollendet werden kann.

Ein Friedensschluß im Namen des ganzen Reichskörpers gehört gewiß in die Reihe der ersten Staatsakten; und wenn gleich die Stände einzeln und mitsammen der grundgesezlichen Verfassung gemäß im politischen Bande ihres Oberhaupts des Kaisers die pragmatische Realität eines allgemeinen Reichsfriedensschlußes ausmachen; so behauptet die Majestät des Kaisers immer ihre unverkennbaren Vorzüge; denn als Oberhaupt im teutschen Staate hat er auch die Ausübung der Obergewalt, und von ihm hängt die Einleitung, die Ratifikazion, die Exekuzion, und Publikazion eines jeglichen Reichsfriedens ab; kurz der Kaiser drückt nach den Vorrechten der kaiserlichen Majestät das Siegel auf einen Reichsfriedensschluß, um die vollkommene Sankzion des Reichsstaatswerkes herzustellen. Die teutsche Verfassung und Observanz legt die Macht-Vollkommenheit, oder die vollständige nicht verstümmelte Majestät der Kaiserwürde bei. Und die Vollgewalt in wichtigen Staatsgeschäften als die

See-

Seele und das wesentliche Attribut der kaiserlichen Majestät, und deren Ausübung hat längst seine Befestigung in den mehrfachen Reichsrezessen, öffentlichen Akten, Reichsfriedensschlüssen und Wahlkapitulazionen erhalten; wie denn deren eine Menge von den Staatsrechtslehrern angeführt wird. Selbst in der Kurfürsten-Ordnung bei Goldast finden sich hierüber die merkwürdigsten und entscheidensten Ausdrücke:

Der Kaiser hat seine Gewalt ohne alle Mittel von Gott und wird zur Ehre und Würde des Römischen königl. Namens und Gewalt erhoben und gesezt ꝛc. ꝛc.

Da ein Reichskrieg, und ein Reichsfriede öffentliche Staatswerke sind, wobei das Wohl oder Wehe in Ansprache kommt, und woran die Reichsstände einzeln, und alle zusammen mit ihren Landen und Unterthanen unmittelbaren Antheil nehmen: so ist das Stimmrecht bei einem im Namen des Reichs abzuschließenden Kriege oder Frieden den Kurfürsten und Ständen des Reichs in Kraft des Westphälischen Friedens Art 8. §. gaudeant zuerkannt; wie auch die Kaiser in den Wahlkapitulazionen das feierliche Versprechen abgelegt haben, daß Sie keinen Frieden (hier kann nur die Rede von einem allgemeinen Reichsfrieden seyn) ohne

ohne Churfürsten, Fürsten und Ständen Zuthun und Einwilligung schliessen wollen.

Diese reichsständische Einwilligung aber bestärkt mehr das Majestätsrecht des Kaisers bei Friedensgeschäften, als daß sie diesem Etwas an innerer Vollkraft entziehen sollte; denn alles, was der Kaiser mit Einwilligung des kurf. Kollegiums, oder mit Beziehung aller Stände von Reichsstaats wegen unternimmt, geschieht nichts desto weniger in Kraft der Majestät, und der vollkommenen Obergewalt, und, wie es das kaiserliche Edict vom Regiment zu Nürnberg v. J. 1521. ausdrücklich sagt: aus Vollkommenheit der Kaiserl. Macht.

Noch bestimmtere Anzeige der kaiserlichen Machtsverhältnisse zu den reichsständischen in Hinsicht auf die Vollführung der allgemeinen Staatsangelegenheiten enthält die goldene Bulle: Aus rechtem Wissen, heißt es daselbst, von kaiserl. Gewalt und einhelligem Rath aller Kurfürsten ꝛc. ꝛc.

Eben diese Erklärung des kaiserl. Majestätsrechts giebt der Reichsrezeß zu Augsburg v. J. 1530. in den klaren Ausdrücken: Aus Kaiserl. Macht-Vollkommenheit und mit der Kurfürsten und Ständen des Reichs gemeinen zeitlichen Rath und Willen ꝛc.

Das

Das reichsständische Stimmrecht in Reichsstaatssachen fließt mit der Obergewalt des höchsten Oberhaupts aus einer Grundquelle zu einem Zwecke zusammen, und diese engste grundgesezliche Vereinigung von beiden erzeugt die vortheilhafteste Harmonie aller Glieder zu dem höchsten Oberhaupt, und hinwiederum. Die verfassungsmäßigen Rechte der Reichsstände legen den rechtlichen Ausflüßen der kaiserlichen Majestät eben so wenig Hinderniß in den Weg; als diese nach den konstituzionellen Schranken, welche von den Grundgesezen bestimmt sind, in jene mit willkürlicher Eigenmacht eingreiffen kann. Diese harmonische Zusammenwirkung der reichsständischen und der kaiserlichen Macht verhält sich wie die Landeshoheit eines Regenten zu den besondern Rechten der Landstände. Wenn auch bisweilen ohne die Einwilligung der leztern durch spezielle Bündnisse oder Privilegien gewisse Handlungen von der Landesherrschaft nicht ausgeübet werden dürfen: so kann doch die diesfalls beschränkte Landeshoheit an der Summe ihrer Territorialgerechtsamen nichts verlieren; und die Landstandschaft keiner Eingriffe oder Mitherrschaft sich anmaßen.

Aus diesen Vordersätzen entspringt die ausgemachte Folgerung, daß in Reichskriegs- oder Reichsfriedensgeschäften die Einwilligung und Mitberathung der Stände der Majestät oder oberhauptlichen Macht=

Machtsvollkommenheit nicht den geringsten Abbruch thut; und daß vielmehr der Kaiser immer auch bei allem Beitritt des Ständischen Gremiums die Haupttriebfeder und die majestätische Wirkungsursache des Reichsfriedensrechts vorstellt.

Das Reichsfriedensgeschäft gehört also als ein öffentlicher Reichsstaatsgegenstand, wobei des Kaisers Majestät und die sämtlichen Stände zugleich im essentiellen Verein nach den ihnen grundgesezlich angewiesenen Machtsrechten interessirt sind, an den allgemeinen Reichstag. Es folgt daher weiter, daß bei jeglicher Friedensverhandlung des gesammten Reichs, wie bei dem allgemeinen Kriege des Reichs, vermöge der Reichsabschiede und Wahlkapitulationen, und besonders in Gemäßheit des Westphälischen Friedensinstruments die komizialische freie Stimme und Einwilligung aller Stände erfodert werde: sofort das Staatswerk im Namen des ganzen Reichs, jedoch unter dem Vorrang Sr. kaiserl. Majestät den Stempel der Legalität erhalte. Dies ist der gewöhnliche und ordentliche Gang das allgemeine Staatsinteresse berührender Reichsgeschäfte, und namentlich jener eines Kriegs oder Friedens.

Allein auch diese allgemeine Grundregel leidet Ausnahmen, deren Bewährtheit in der Reichs-

Reichsgeschichte und Praxis berichtiget ist. In dringenden Fällen, worinn die Reichswohlfahrt schleunige Hilfe heischt, kann auch ohne vorhergehende Komitialberathung oder Einwilligung der Stände ein Reichsfriede von des Kaisers Majestät allein verhandelt werden. Beispiele der Art liefert die Reichsgeschichte. Der Nimwegische Friede ist von dem Kaiser ohne vorläufige Rathschlagung mit den Ständen aus eigener Majestätsgewalt abgethan worden, in der rühmlichen Vorsicht des höchsten Oberhaupts, damit die dem Reich vorträglichen Bedingungen nicht vereitelt würden, und damit nicht eine Verzögerung Anlaß zu unersezlichen Nachtheilen geben möchte, wodurch die kaiserliche Pflicht selbst hätte kompromittirt werden können. Dieser Beweggrund wird in dem deßhalb erlassenen kaiserlichen Dekret im Jahre 1679 weitläufiger angeführt.

Eben so ist die Abschließung des Rastattischen Friedens von des Kaisers Majestät zum Beßten des leidenden Vaterlandes besorgt worden, ohne daß vorher diese Staatssache am Reichstage in Deliberation gekommen war. Der Kaiser im mißlichsten Gedränge, von aller Hilfe entblößt, und von den mit ihm verbündeten Engländern und Holländern verlassen ward damals selbst von den mehresten Reichsständen bittlich angegangen, er möchte einen wenigstens nach Möglichkeit annehmlichen Frieden

den befördern; indem die weitere Fortsetzung des Krieges das teutsche Reich in die äusserste Gefahr stürtzen könnte. Die Stände haben auch diese Sorgfalt und Vorsicht des Kaisers für das Heil des Reichs anerkannt, mit dem gehorsamsten Dankgefühl aufgenommen und begnehmiget: ja zugleich die neue Bitte hinzugefügt, daß er auch den Frieden zu Baaden in Ergau ohne Special-Deputazion im Namen des Reichs verhandeln, und berichtigen wolle, worüber ein förmliches Reichsgutachten erfolgt ist.

Allein solch' eine Abweichung von der allgemeinen Regel, welche die gefahrdrohenden Umstände aufdringen, kann keine Kränkung der reichsständischen Rechte nach sich ziehen; und der Kaiser legte in den damaligen Nothfällen selbst das Zeugniß ab, daß jene Verfahrungsweise außer der Ordnung zu keiner Konsequenz erwachsen solle. Und zwar um so weniger kann der Freiheit, und den Gerechtsamen der Reichsstände irgend ein Präjudiz zugehen, als der Kaiser, weit entfernt so was zur Absicht zu haben, bei einer nothwendigen Friedensverhandlung sich das öffentliche Staatswohl zum einzigen Zwecke macht; ein Zweck, auf den die Reichsstände selbst ihrem erhabenen Berufe gemäß ihr vorzüglichstes Augenmerk zu heften beeifert seyn müssen.

Eben so wenig haben die Stände eine außerordentliche Unternehmung des Kaisers, um einem einbrechenden Uebel des Reichs vorzubeugen, für ein Vergehen gegen die Beschränkungen der Wahlkapitulation jemals angesehen; vielmehr haben sie zum öftern erklärt, daß durch gemeinnüzige Vorkehrungen, welche die Bedürfnisse des Ganzen dem höchsten Oberhaupte aufdringen, der Wille der Wahlkapitulation erfüllt werde. Hieher gehört jene merkwürdige Erläuterung am Reichstage zu Regensburg:

> Es müssen die Artikul der Capitulation nicht dergestalt von einander gebrochen werden, damit nicht durch die punctuelle Observation deren, so den modum betreffen, die Sache übern Hauffen gehe ꝛc. ꝛc.

In öffentlichen Reichsstaatsgeschäften, welche noch überdies in bedenklichen Lagen beschleuniget werden müssen, kommen nicht so fast die Form und Solennität; als der allgemeine Wohlstand des Ganzen, und die dabei zur Absicht liegenden Staatsvortheile in vorzügliche Betrachtung, so daß daher eine vorhergehende Bewilligung der Stände selbst nach dem Sinne der Wahlkapitulazion unnöthig wird, und erst nachzuholen ist; weil hier nur vom ordentlichen Gange der Sachen die Rede ist; ausserordentliche

liche Fälle aber den Werth eines vom Kaiser
in Kraft des oberhauptlichen Majestät unter-
nommenen Geschäfts nicht vernichten können,
zumal da die Reichsstände selbst längst zu erkennen
gegeben hatten, daß die Erklärung der kaiserl.
Wahlkapitulazion nicht so buchstäblich zu machen
sei, daß gar keine Abweichung statt fände,
wenn es auch die Staatswohlfahrt noch so
sehr erfodern würde. Denn der Wahlkapitulation Hauptstüze ist ja das Ansehen, und das
Heil des Reichs; wie ungereimt wäre es, jenes
gegen dieses, und zwar zum Verderben des
Reichs zu erklären?

Diese nämlichen Grundsätze sind nun auch
bei dem so eben zu beendigenden Kriege mit
Neufrankreich anwendbar; auch iezt zeigt sich
das Majestätsrecht des höchsten Reichsoberhaupts in vollem Einflusse in das Heiligthum
des Reichsfriedens; auch die dermalige Gele-
genheit benuzt der Kaiser seine Vorrechte aus-
zuüben; wie er denn schon wirklich als oberster
Gewalthaber der teutschen Nation die Einleitung des künftigen Reichsfriedens übernommen
und glücklich ausgeführt hat. Ob nun zwar
die Stände selbst die kaiserliche Majestät bei
allgemeinen Friedensschlüßen in diesen heutigen
Tagen, wie einst in der Vorzeit in ihrer voll-
kommnen Kraft anerkännt; und bereits am 3.
Julius 1795. an des Kaisers Majestät die
erste Friedenseinleitung übertragen haben; so
ist

ist doch diese erst durch Allerhöchstdieselbe im April dieses Jahres aus eigenem Antrieb und vermöge der Majestätsvollgewalt erfolgt. Des biedersinnigen Kaisers Vaterblick übersah bei dem Privatinteresse seines Hauses zugleich die dringendste, durch die mindeste Verzögerung noch entsezlicher leidende Angelegenheit des teutschen Reichs, und machte sich es als Oberhaupt zur Pflicht, mit seinem Hausfrieden den künftigen Reichsfrieden zu begründen, damit irreleitenden Weitläufigkeiten und gemeinschädlichen Folgen kein Spielraum gelassen werden möchte; er übte hierinn nur wiederum sein altes Majestätsrecht aus, welches ihm Reichsverfassung, Observanz, und Reichsgeseze zusichern. Die Stände haben auch dem höchsten Oberhaupte für die wahrhaft väterliche Fürsorge, für die beispiellose Anhänglichkeit an die Reichswohlfahrt, und also auch für die der Kaiserwürde anklebenden Majestätsrechte in Kriegs und Friedensnegozen, welche das gesammte Reich angehen, ihre öffentlichen Dankgefühle in den schmeichelhaftesten, beredtesten und belangreichsten Ausdrücken vorgelegt.

Auf diese Art denn haben die hohen Repräsentanten der teutschen Fürsten bei der Reichsversammlung zu Regensburg im Namen ihrer Prinzipalen die Wirksamkeit jener grundgesezlichen Erkenntniße ihrer alten Vorfahren in Hinsicht auf die kaiserlichen Kriegs- und Friedensvorrechte, wovon wir oben Muster aufgestellt, wiedererneuert, und gleichfalls feierlich bekräftiget: und sie haben das höchste Oberhaupt um die zweckdienlichste Verwendung für das beste des Reichs, und zwar neuerdings um den präponderantesten Beitrag zur Verwirklichung der getroffenen Friedenseinleitung, und Entkräftung der fernern feindlichen Anschläge, mit der devotesten Ehrfurcht flehentlich angegangen: sie haben endlich sogar im zärtlichsten Vertrauen der kaiserlichen Majestät die Leitung und Vollendung des allgemeinen Friedenswerkes ganz und frei überlassen.

Allein Se. kaiserl. Majestät, zufrieden den Hauptgrund zu dem werdenden Reichsfriedensgebäude gelegt, und vortheilhafte Aussichten zu einem annehmlichen Erfolge geöfnet zu haben, haben nach einer am Reichstage durch Höchstdero Gesandtschaft gemachten Erklärung jenen Antrag, welcher inzwischen zu ihrem unsterblichen Ruhme gereicht, von sich abgelehnt, und um ihrer Kompromission bei einem vielleicht nicht allen erwünschlichen Ausgange der verworrenen Sache vorzubeugen, den allgemeinen Kongreß bewilliget, an dem die sämtlichen Reichsstände nach ihren mannichfaltigen Interessen selbst mitzuwirken, und den Reichsfriedensschluß mit vereinter Berathung, und Begnehmigung unter ihrem Oberhaupte herzustellen, die grundgesezliche freie Wahl hätten.

Ob

Ob, und warum es nun erwünschlicher gewesen wäre, wenn des Kaisers Majestät ohne besonderen Kongreß, und allein der Auseinandersetzung des Reichsfriedensgeschäfts sich unterzogen hätte — (Man geräth aus wahrscheinlichen Ursachen in Versuchung der bejahenden Antwort beizupflichten) — ist in den Anmerkungen oben kurz berührt worden: wir wollen jezt nur die Thätigkeit, und die eintretende Rechtsgewalt des höchsten Reichsoberhaupts bei dem Kongresse, und bei der förmlichen Abschließung des Friedens betrachten.

Der ordentlichen Konkurrenz aller Reichsstände bei einem das Ganze betreffenden Friedensschlusse unbeschadet, zeichnet sich des Kaisers Majestät auch im Rückblick auf einen Kongreß und dessen Verhandlungsart unmittelbar, und in vorzüglichen Merkmalen aus. Der Kaiser sagt allein die Rathschlagung und die Zusammenkünfte an, er bestimmt den Kongreßort und die Zeit, er legt die Bedingungen des Friedens vor, er bekräftiget und vollendet die Reichskonklusa, wenn er sie annehmlich findet, und wenn die Stände in ihren Meinungen nicht übereinkommen, führt er wiederum zu Folge der kaiserlichen Machtvollkommenheit die entscheidende Stimme. Selbst die Wahlkapitulation beschränkt ihn nicht in diesen Vorrechten, so wie das eigene Bekenntniß der Reichsstände, welches am Reichstage zu Regensburg im Jahr 1576

1576 abgelegt wurde, die Sache in noch helleres Licht sezt, wo es heißt:

> Derohalben unsers unterthänigsten Erachtens ganz unvonnöthen hierinn auf einen oder andern Theil zu sehen, oder zu warten, sondern Euer Kaiserl. Majestät haben diesfalls vollkommen Macht und Gewalt zu Verhütung großen Unraths Ihrer Kaiserl. Majestät Amt zu interponiren 2c. 2c.

Es ist wahr, die Kongreßsache wie die Reichsfriedensverhandlung, ist als allgemeine Staatsakte eine Angelegenheit aller Stände, und kann nicht nach dem Reichsabschiede zu Regensburg vom J. 1641 in Partikularzusammenkünften oder durch gemeine Reichsdeputazionstage vorgenommen: sondern muß ausdrücklich und feierlich durch den allgemeinen Reichstag an eigens Bevollmächtigte Sachwalter übertragen werden.

Und wenn es gleich wiederum außerordentliche Fälle giebt, wo der Kaiser allein seine Gesandten zu Friedensverhandlungen absendet; so ist es doch auch reichsherkommlich, daß die Reichsstände ihre besonderen Deputirten hierzu abordnen. Auch im J. 1641 ward auf dem Reichstage zu Regensburg die sonderbare Frage aufgeworfen, ob nicht nebst den kaiserl. Gesandten
auch

auch noch insbesondere eine Deputazion im Namen des Reichs zur Friedensverhandlung abgeordnet werden sollte? Das Resultat dieser Berathschlagung war, daß es den Kurfürsten frei stände, entweder durch eine allgemeine Deputazion oder einzeln durch besondere Gesandte zu erscheinen; das leztere werde auch jedem Reichsfürsten zugestanden; und sollten diese mit den kaiserlichen Kommissären sowohl in öffentlichen als Privatgeschäften Unterredung pflegen.

Im Reichsrezesse vom J. 1646 ward eben dieses von kaiserlicher Seite beliebt:

> Wir haben uns auch mit Unsern und des Heiligen Reichs Churfürsten dahin entschlossen und verglichen, daß dieselbe, wie sie es rathsam und für gut befinden, entweder insgemein oder absonderlich die Ihrige zu den bevorstehenden Friedenshandlungen ein und andern Orts abordnen mögen, wie dann auch allen und andern Reichsfürsten hiemit verstattet, und zugelassen seyn solle, die Ihrige dahin eben wohl und zwar zu dem Ende abzuschicken, damit Sie mit denen Kaiserl. Commissariis des Heil: Reichs und Ihrer Principalen Nothdurft in Zeiten communiciren mögen.

Aber

Aber selbst diese Deputazions-Sendung nahm in der Praxis eine andere Gestalt an. Der Kaiser allein unterhielt Traktaten, die teutschen Stände konkurrirten mit Frankreich und Schweden; über alle Friedensmaterien wurde in den drei Kollegien mit dem vollen Stimmrechte gerathschlagt, die Sentenz in ein feierliches Placitum des Reichs gebracht, und den Vollgewalthabern kaiserlicher Majestät vorgewiesen, welche alsdann nach dessen Inhalt, und nach der weisen Vorsicht des Kaisers handeln und beschliessen sollten. Die Ständischen Gesandten wurden hiebei zwar zur gehörigen Berathung so oft und wann sie wollten, zugelassen; aber dieses durfte nicht in Gegenwart der kaiserlichen Gesandten geschehen; denn so oft diese zugegen waren, konnten die Ständischen bei keiner Zusammenkunft erscheinen, welche blos in einem besondern Privatkongreß zu unterhandeln das Recht haben. Mit diesem stimmte auch wirklich die Verhandlung des Nimmwegischen Friedens überein: und als sich einige Dispute darüber ergaben, wurde nach wechselseitiger Berathung durch die Stimmenmehrheit festgesezt, dem Kaiser solch ein Geschäft ohne Beiziehung einer Gesandtschaft im Namen des Reichs zu überlassen, mit dem demüthigsten Ersuchen, daß alles, was in der Verhandlung vorgekommen, den Ständen am Reichstage gnädigst mitgetheilt werden möchte. So lautete die Reichsverordnung vom 31sten Mai 1677.

In Ansehung der kaiserlichen Gerechtsamen auch bei den Reichsfriedenskongressen, sind die Reichsständischen Gesandten an gewisse Maasregeln und Observanzen angewiesen. So hatte man in dem Kongreße zu Osnabrück im J. 1646 die besondere Anmerkung gemacht:

Daß die Reichs-Deputirte mit sonderbahrem Fleiß erinnert werden möchten die ihnen im Reichsabschied gesezte limites und Schranken im wenigsten zu überschreiten, noch sich solcher Sachen anzumassen, welche auf Comitia und vor die gesambten Stände des Reichs gehören.

Groß und erhaben sind die Vorzüge der kaiserlichen Majestät bei jedem dergleichen allgemeinen Kongresse ungeachtet aller ordentlichen Zuziehung der Reichsdeputazion; denn schon zu Anfang des Kongresses pflegen die kaiserlichen Gesandten allein mit den auswärtigen das Friedensgeschäft zu verhandeln, wovon zur Zeit die reichsständischen Deputirte ausgeschlossen werden. Diese lezteren konnten es, obschon mehrere Versuche gemacht wurden, doch niemals bei den Osnabrückischen, Münsterischen, Ryswickischen, und selbst bei den Westphällischen Friedensnegozen dahin bringen, daß sie zu den Kongressen unmittelbar mit den kaiserlichen Gesandten zugleich zugelassen wurden. Die Bevollmächtigten des höchsten Oberhaupts spielen daher bei solchen Reichsstaatssachen nicht nur allein an Vorrang und Gewalt die erste Rolle: sondern sie haben auch nach dem Zeugniß der Geschichte und Erfahrung in die wirkliche Verhandlung den mehrsten und bedeutendsten Einfluß, so, daß die Gesandten der Reichsstände sich an jene wenden, so oft nämlich irgend ein wichtiger Fall die Assistenz des Kaisers nothwendig, oder nützlich macht. Redende Beweise hiervon liefert die Reichsvorschrift bei dem ofterwähnten Nimmwegischen Frieden im J. 1677, und später noch im J. 1714 bei dem Frieden zu Baden in Ergau.

Aus diesem fließt also weiter die praktische Folge, daß Streitigkeiten, welche allenfalls in Betreff des Vorrangs oder der Session unter den reichsständischen Gesandten im Friedenskonvent entstehen, dem Herkommen gemäß von des Kaisers Majestät durch ihre Gesandte vermittelt werden; weil nach dem eigenen Schluße der Stände auf dem Reichstage zu Augsburg im J. 1566 die Erkenntniß und Entscheidung solcher Zwistigkeiten auf den kaiserlichen Vorrechten allein beruhe. Eben dieses Herkommen, gegründet auf die Kaiserwürde, bringt es sofort mit sich, daß der Kaiser allein denjenigen, welche an den von ihm bestimmten Ort der Friedensverhandlungen abreisen, die nöthigen Sicherheitsbriefe oder Friedenspaßporte in seinem

nem Namen ertheilt; und es liegt nichts daran, ob die Ausfertigung derselben unmittelbar durch ihn selbst, oder durch seine speziel instruirte Gesandte geschieht.

Wir sehen aus dem Vorhergehenden, daß der Kaiser entweder allein in gewissen Umständen einen Frieden, im Namen des Reichs schließt, oder daß die Konkurrenz der Reichsdeputirten dabei obwaltet. Im ersten Falle wird der Friede selbst von dem Kaiser als Prinzipalkontrahenten, so wie auch in seinem Namen das Friedensinstrument unterschrieben und mit dem kaiserlichen Siegel befestiget; im zweiten Falle aber wird es nebstbei auch von der Reichsdeputazion unterzeichnet und gesiegelt.

Die Ratifikazion des einmal geschlossenen Reichsfriedens ist ein anderes Attribut des kaiserlichen Majestätsrechts. Denn obgleich nebst dem Kaiser auch von den Ständen die Friedenstabellen ratifizirt werden, und obgleich die kaiserlichen Gesandten nicht anders als in der Voraussezung, die Ratifikazion des Kaisers und der Stände zusammen zu erhalten, die Friedensgeseze eingehen: so werden doch die Instrumente der Ratifikazion von dem Kaiser allein in seinem Namen, und im Namen des Reichs, dessen Oberhaupt er vorstellt, ausgefertiget. Auch kann deßhalb keine besondere Ratifikazion statt finden. Als daher auf dem Reichstage zu Regens-

Regensburg von der Ratifikazion des Ryswickischen Friedens die Rede war, und Frankreich — womit auch damals das teutsche Reich in Krieg verwickelt war — die Anßlieferung einer besonderen Ratifikazion verlangte: so gaben die mehrsten Gesandten die kategorische Aeusserung von sich des folgenden Inhalts:

Es sey ein Exemplum sine exemplo auch dem kaiserl. Respect, wie nicht weniger dem Stylo imperii allerdings entgegen, daß eine besondere Reichs-Ratification denen französischen Gesandten zu Ryswick ausgehändiget; und dadurch das allerhöchste Reichs-Ober-Haupt von dem Corpore imp. gleichsam abgeschnitten, und separirt werden sollte. Es sey kein Reichsschluß absque Caesare, und unvollkommen ꝛc. ꝛc.

Dieses öffentliche Staatsbekenntniß der Reichsstände möchte wohl zugleich das lauteste, und für die heutigen Zeiten denkwürdigste Zeugniß ablegen, wie sehr damals die Reichsstände die systemmäßigen, in der Natur des teutschen Staats befestigten Vorzüge der kaiserlichen Majestät zu schäzen, wie sehr sie die engste grundgesezliche Verbindung zwischen Haupt und Gliedern; kurz die kaiserlichen Verhältnisse zu den Reichsständischen zu handhaben wußten: Dieser fer Vorgang zeigt uns aber auch an, wie wenig damals das königliche Frankreich mit unserer Reichsverfassung bekannt, oder wie sehr es immer bei jeder Angelegenheit die teutschen Fürsten und Kaiser mit politischen Neckereien zu verfolgen gewohnt gewesen sey.

Auf ähnliche Art hat auch Oesterreich am Reichstage gegen eine solche staatsrechtswidrige Neuerung förmliche Protestazion eingelegt; und das allgemeine Konklusum fiel dahin aus: daß im Namen des Reichs keine besondere Ratifikazion ausgestellt werde.

Bevor jedoch der Kaiser in seinem und im Namen des Reichs den Frieden ratifizirt, stellen die Stände das geziemende Ansuchen an kaiserliche Majestät, dieselbe geruhe auch die Ratifikazionstabellen in ihrem Namen auszufertigen. Wurde hingegen dieses unterlassen, wie z. B. im J. 1684 bei der Ratifizirung des bekannten Wiener-Waffenstillstandes, welcher zwischen dem Kaiser Leopold I. und dem König von Frankreich zu Regensburg auf 20 Jahre geschlossen wurde, und eben dieses langen Zeitraums wegen gewisser Massen die Natur eines förmlichen Friedens hatte, wurde jenes reichsständische Ansuchen in einem kaiserlichen Dekret eigens gefodert:

> Wie dann die Römischen Kaiser in vorigen Zeiten jedesmahls von den Stän-

Ständen des Reichs geziemend ersucht, und gebethen worden seynd.

Das Nämliche hatten die Reichsstände auch bei dem Friedensschlusse zu Baden in Ergau im J. 1714 beobachtet, da alle drei Reichskollegien den Kaiser demüthigst gebeten, er möchte auch im Namen des Reichs den Frieden ratifiziren und bestättigen.

Wie nun der Kaiser allein die Ratifikazion des Reichsfriedens ausfertiget, unterzeichnet, und versiegelt; so werden ihm auch allein die Ratifikazionstabellen eingeliefert. Der Kaiser giebt alsdann den Ständen Nachricht von dem Empfang, und ermahnt sie, daß jeder die Geseze des Friedens genau erfülle.

Die Ratifikazion des Reichsfriedens zieht die Publikazion desselben nach sich; und die Natur und Grundlage der teutschen Verfassung sowohl als auch die Reichspraxis schreiben der kaiserlichen Majestät das Publikazionsrecht zu. Denn der Kaiser allein macht die Placita des gesammten Reichs bekannt: er verwandelt gleichsam die Comizialbeschließungen in Leben und Blut; er haucht ihnen die Seele und Kraft des Gesezes ein; indem er allen Reichssubalternen allein und einzig den Gehorsam gegen jene Reichsbeschließungen auflegt. Dies erhellt aus den Klauseln der Rezesse:

Nach=

Nachdem wir uns mit den Ständen und Sie wiederumb mit uns sich verglichen, so setzen demnach ordnen und wollen wir aus Römischer Kayserl. Macht und Vollkommenheit 2c. 2c.

Daher hängt die Kraft und Gewalt der Verbindlichkeit, folglich des Gesezes und der pragmatischen Sankzion von dem Kaiser ab. Auch macht diesem keine Hinderniß die vorläufige Deliberazion mit den Ständen und die Uebereinkunft über ein zu machendes Gesez; denn die Art einer solchen Konvenzion ist mit der Gesezgebung selbst nicht verwebt; sondern geht dieser nur voran, und bereitet sie vielmehr vor: die darauf folgende Gesezgebung selbst aber, wozu die Konvenzion nur den Stoff liefert, ist hier der Form nach ganz und allein ein Werk der kaiserlichen Majestät. Da nun ferner jeglicher Friede, im Namen des Reichs vollendet, selbst der Absicht der Pacicenten zufolge ein ewiges Gesez, und eine pragmatische Sankzion darstellt: so wird er auch als Norm und Richtschnur allen Reichstribunalien vorgeschrieben; und insbesondere von dem Kaiser dem kaiserl. Reichshofrath und Kammergericht kundgethan, damit sie sich darnach als nach einem Vaterlandsgesez und beständigen Regulativ fügen können.

Ist ein Reichsfriedensschluß eingeleitet, verhandelt, abgeschlossen, ratificirt und publicirt —

cirt — Gegenstände, bei deren Untersuchung wir die kaiserlichen Machtsverhältnisse zu den sämmtlichen Reichsständen mit entschiedenen Vorzügen kennen gelernt haben — so übriget weiter nichts mehr, als daß die Bedingungen und Resultate des Friedensschlußes vollzogen und in Ausübung gebracht, das heißt, daß die Früchte desselben verwirklichet werden können. Und dieses Exekuzionsgeschäft erscheint als das lezte Vorrecht bei den Reichsfriedenssachen, und ist der kaiserlichen Majestät in seiner Wesenheit einverleibt. Selbst die Begriffe von jeder Obrigkeit eines allgemeinen Staats- oder gesellschaftlichen Körpers legen dieses klar vor Augen; denn wie ist ein Magistrat, oder eine Gerichtsbarkeit denkbar ohne die Obergewalt der Exekuzion einer Staatssache! um viel mehr muß eine solche Friedensexekuzionsgewalt in den Majestätsrechten enthalten seyn?

Indessen entwickeln sich doch oft manche Ursachen, daß auch hierinnfalls die Berathung der Reichsstände zu Hilfe genommen wird, zumal wenn die Friedensexekuzion allgemein und durch das ganze Reich sich ausdehnen soll. Allein die Exekuzionshandlung selbst bleibt immer auf der Seite des Kaisers; und diese Eigenschaft der reichsoberhauptlichen Majestät gründet sich, gleich den vorerwähnten, auf teutsches System, auf die Reichsrezesse und das Herkommen; vorzüglich aber auf das Exekuzionsedikt Kaisers Ferdinand des dritten d. d. Wien im J. 1648, worinn derselbe sagt:

Und befehlen solchemnach hiemit zugleich allen und jeden ausschreibenden Fürsten und Krayß-Obristen gnädigst und ernstlichst, geben ihnen auch als durch mehrbemeldten Friedens-Schluß absonderlich verordneten Executorn Unser Kayserl. Vollmacht und Gewalt ꝛc. ꝛc.

Das bisher Angeführte ist von der Friedensexekuzion im Reiche zu verstehen; die Friedensexekuzion gegen Auswärtige aber, welche größtentheils in wechselseitiger Rückgabe und Räumung der weggenommenen Oerter besteht, ist einiger Abänderung unterworfen. Denn bisweilen hat der Kaiser allein zu jenem Geschäft Kommissäre ernannt; wie das bei der Exekuzion des Nimwegischen Friedens der Fall war: bisweilen aber schien es räthlich, den kaiserlichen Kommissären auch Deputirte von des Reichs wegen beizugesellen; wie das bei der Exekuzion der Verhandlung über den oftgemeldeten Wiener-Waffenstillstand zur Festsezung der Grenzen zwischen Teutschland und Frankreich und zur Beförderung der Rückgabe alles dessen, was vertragsmäßig rückgegeben werden sollte, geschehen ist: obwohl dieses Geschäft bei dem nachher plötzlich erneuertem Einfall

fall der Galler in Teutschland nicht zu Stande gekommen.

Da nun der Reichsfriede mit Berathung und Einwilligung der Stände gemacht wird: so ist es ganz sachgemäß, daß auch diese bei der Exekuzion des Friedens mit Auswärtigen von dem Kaiser zur gemeinschaftlichen Mittheilnahme an der Bemühung, Sorgfalt und Berathung beigezogen werden; und zwar besonders, wenn die kritische Lage der Dinge den Beitritt sämtlicher Reichsstände heischt, und wenn man bedenkt, daß durch eine solche Vereinigung aller mit dem Auslande auf eine leichtere gemeinnützigere Art verhandelt, und folglich mit der gewünschten Wirkung gekrönt werden könne.

Durch solche reichsständische Beiwirkung aber leidet die Majestät des Kaisers so wenig einen Verlust, daß dieselbe vielmehr dadurch einen größeren Glanz gewinnt; und zwar nach der oben angezeigten Reichspraxis, weil die kaiserlichen Kommissäre bei der Schlichtung der Reichsfriedensgeschäfte an Eminenz der Würden und Vorrechte noch weit über alle andere erhaben sind. Aber auch eben so wenig verliert durch die bereits entwickelten Vorrechte der kaiserlichen Majestät die Dignität, oder das Recht der Reichsstände, und zwar um so weniger, als diese konstituzionelle Uebereinstimmung der sämmtlichen Glieder des Reichs mit ihrem

ihrem höchsten Oberhaupte den allgemeinen Staatsfachen erst das volleste Gewicht, und die belebteste Schwungkraft ertheilen muß.

Dies wäre also die ganze Masse der diplomatischen Verhältnisse der kaiserlichen Majestät bei iedem Reichsfriedensschluße, und nun auch bei dem gegenwärtigen mit der Neufrankenrepublik. Hierinn wird nun zwar der Kaiser als Oberhaupt in der Hauptsache seine grundgesezliche und herkommliche Majestätsgewalt geltend machen; besonders was die Formalitäten und den Gang der Geschäfte selbst belangt: die speziellen Staatsintereßen des allgemeinen Friedensschlußes aber scheint Höchstderselbe dem gesamten Reichsgremium zu überlaßen. Dieser Reichskrieg mit der Neufrankenrepublik ist vielleicht der verworrenste, den die Geschichte aller Zeiten aufzeichnet, und so fodert denn auch der Ausgang deßelben, nämlich der Reichsfriede die höchste politische Delikateße; die Vorsicht der kaiserlichen Majestät wird daher begreiflich, der angetragenen Vollgewalt der Alleinverhandlung zu entsagen, und nur in Verbindung mit allen Reichsfürsten den Frieden schließen zu helfen.

www.ingramcontent.com/pod-product-compliance
Lightning Source LLC
Chambersburg PA
CBHW030710110426
42739CB00031B/1534